EIWEISS FLUFF

ALLES ÜBER DEN EIWEISS-FLUFF.
MIT VIELEN TIPPS & TRICKS
UND LECKEREN REZEPTEN

Jan Göktekin

Pumperl gsund

EIWEISS FLUFF

VOM FLUFF ZUM EIWEISS-FLUFF

VORWORT

Der Fluff ist ein süßes Eiweiß-Dessert, das seine Fans schon seit über 100 Jahren begeistert. Aber wie kam es dazu und warum heißt der Fluff bei uns nun Eiweiß-Fluff?

Begonnen hat alles 1917, als Archibald Query das Marshmallow-Fluff-Rezept entwickelt hat. Es bestand schon zu seiner Zeit aus Eiweiß, Zucker, Corn-Sirup und Vanille und war eine leckere Süßigkeit. Eine amerikanische Firma erwarb sein Rezept und startete die Produkt-Vermarktung. Seitdem erobert der Fluff die weltweiten Supermärkte und schaffte es sogar zu seinem eigenen Festival in den USA: „What the Fluff!"

Im Jahr 2017 starteten wir gemeinsam mit Food-Bloggern die Instagram-Aktion #traumschaumchallenge. Inspiriert von den tollen Fluff-Kreationen entwickelten wir im Pumperlgsund-Team ein eigenes Rezept, das die Zutaten des Originalrezepts mit ihren gesunden Alternativen ersetzt und die Mischungsverhältnisse neu definiert.

Nach tagelangen Versuchen, etlichen Verkostungen und vielen Fauxpas war es geschafft: Ein 30-Kalorien-Rezept mit weniger als 1 g Zucker aus rein natürlichen Zutaten und ohne künstliche Aromen war geboren: der Eiweiß-Fluff.

Seitdem werden täglich neue Kreationen von Eiweiß-Fluff-Fans unter #eiweissfluff gepostet und neu entwickelt. So bekamen wir Lust auf mehr und riefen 2019 mit unserer Community, Food-Bloggern und Rezeptprofis die Eiweiß-Fluff-Familie ins Leben, die wir dir in diesem Buch präsentieren.

Mein Gründungspartner Fabian und ich danken den Foodbloggern, der Community und unserem Pumperlgsund-Team für ihren Einsatz sowie ihre täglich neuen Impulse und Inspirationen: Ihr leistet fantastische Arbeit und ohne euch wäre der Fluff noch immer ein Fluff mit weit über 100 Kalorien, viel Zucker und einem ungesunden Sirup.

Ihr motiviert uns jeden Tag, weiter am Eiweiß-Fluff zu feilen und neue Eiweiß-Fluff-Ideen in die Tat umzusetzen. Vielen Dank!

Jan Göktekin

Jan Göktekin
Gründer und
Geschäftsführer der
Pumperlgsund GmbH

Fabian König
Gründer und
Geschäftsführer
der Pumperlgsund GmbH

DIE FLUFF FAMILIE

EIN FLUFF KOMMT SELTEN ALLEIN

DER EIWEISS-FLUFF

KAPITEL 1

OPA FLUFF UND PAPA EIWEISS-FLUFF

Der Gründer der Fluff-Familie ist der Marshmallow-Fluff. Er stammt aus den USA und war ein leckeres und tolles Dessert. Mit viel Zucker, Sirup und Kalorien war der Marshmallow-Fluff auch zeitgemäß, da es eine Besonderheit war, Süßigkeiten essen zu können.

Aber die Zeiten ändern sich und Naschereien sollen zwar genauso süß und lecker sein, jedoch kalorienarm und gesund. Und so wurde eine neue Generation geboren: der Eiweiß-Fluff. Er ist der Vater der gesunden Variante der Fluffs und steht stellvertretend für eine neue Food-Generation, die lecker, gesund, schnell und einfach zubereitet ist.

Ins Leben gerufen wurde der Eiweiß-Fluff im Januar 2018 in der Münchner Küche des Startups „Pumperlgsund". Inspiriert von vielen YouTube und Instagram-Posts enstand ein kalorienarmes und gesundes Dessert. Und was der Eiweiß-Fluff genau kann, erklären wir dir jetzt:

GOOD-TO-KNOW

Der Erfinder und Großvater des Eiweiß-Fluffs heißt Archibald Query und stammt aus den USA. Die ganze Geschichte des Fluffs könnt ihr auf Seite 18 nachlesen. Viel Spaß!

DAS SÜSSE DESSERT

Der Eiweiß-Fluff ist ein süßes, aber gesundes Dessert. Es sieht aus wie ein Softeis und besteht - egal in welcher Variante - immer aus den folgenden drei Basis-Zutaten: pasteurisiertem Eiweiß, einer Süße und Tapioka-Sirup, sowie einem natürlichen

SCHOKO-FLUFF

Geschmack oder Topping, wie beispielsweise Kakao, echten Früchten, Kokosraspel oder Zimt.

SCHMECKT WIE SCHOKO-KUSS

In der Schoko-Variante mit reinem Kakaopulver schmeckt der Eiweiß-Fluff wie das Innere vom Schoko-Kuss: Cremig in der Textur und leicht schokoladig im Geschmack. Nur nicht ganz so süß, weil im Eiweiß-Fluff nur ein wenig Puder-Erythrit statt haufenweise Industriezucker steckt. Ein Grund, weshalb er wenig Kalorien und top Nährwerte hat.

SCHOKO-KUSS
Der klassische Schoko-Kuss besteht aus circa 53 % Zucker.

NUR 30 KALORIEN UND TOP NÄHRWERTE!

Der Eiweiß-Fluff ist ein wahrer Nährwert- und Kalorien-Held. Wirklich! Denn dank seiner guten und natürlichen Zutaten ist er ballaststoffreich, eiweißreich, kalorienarm und hat je nach Geschmacksvariante nur circa 1 g Zucker pro Portion:

LOW CARB
90 % der Kohlenhydrate sind mehrwertige Alkohole der Erythrit-Süße. Diese haben 0 Kalorien, da sie vom Körper nicht verstoffwechselt werden.

Ø Nährwerte pro Portion (groß)	Schoko (49 g)	Zimt (48 g)	Kokos (53 g)
Energie	126 kJ 30 kcal	130 kJ 31 kcal	297 kJ 71 kcal
Fett	0 g	0 g	4,6 g
davon gesättigte Fettsäuren	0 g	0 g	4,3 g
Kohlenhydrate	11 g	12 g	11 g
davon Zucker	0 g	1,4 g	0,8 g
davon mehrwertige Alkohole	10 g	10 g	10 g
Eiweiß	4,1 g	3,4 g	3,8 g
Salz	0,21 g	0,21 g	0,21 g

Tabelle 1: Nährwerte des Eiweiß-Fluffs, Quelle: www.pumperlgsund.info (Abruf: 06.10.2019)

Vergleicht man den Eiweiß-Fluff mit dem Schoko-Kuss der Lebensmittelindustrie, erkennt man seine wahre Stärke. Denn 53 % des Schokokusses bestehen aus Zucker. Beim Eiweiß-Fluff in der Schoko-Variante ist es gerade einmal 1 %. Aber schaue selbst:

Ø Nährwerte pro 100 g	Schoko-Kuss	Eiweiß-Fluff (Schoko)
Energie	1573 kJ 373 kcal	260 kJ 62 kcal
Fett	10,1 g	0 g
davon gesättigte Fettsäuren	5,9 g	0 g
Kohlenhydrate	67,5 g	22 g
davon Zucker	53,0 g	0 g
davon mehrwertige Alkohole	0 g	20 g
Eiweiß	2,9 g	8,4 g
Salz	0,08 g	0,43 g

Tabelle 2: Nährwertvergleich | Schoko-Kuss vs. Eiweiß-Fluff

Quelle: www.dickmanns.de/produkte, www.pumperlgsund.info (Aufruf: 06.10.2019)

EXKURS: EIWEISSREICH VERSUS EIWEISS-QUELLE

55 % der Fluff-Kalorien stammen vom Eiweiß. Somit ist der Eiweiß-Fluff rechtlich gesehen nicht nur eine Eiweißquelle, sondern eiweißreich.

Denn: Laut EU-Verordnung Nr. 1924/2006 darf ein Lebensmittel als „eiweißreich" deklariert werden, wenn mindestens 20 % des Brennwerts vom Eiweiß stammen. Als „Eiweißquelle" gilt ein Lebensmittel, wenn mindestens 12 % des Brennwerts vom Eiweiß stammen. Sind es weniger als 12 %, darf das Lebensmittel nicht mit einem Eiweiß-Claim deklariert werden.

Warum sich die Nährwerte von Schoko-Kuss und Eiweiß-Fluff so stark unterscheiden? Für die Antwort werfen wir einen Blick auf die Zutaten:

Schoko-Kuss	Eiweiß-Fluff
Glukose-Fruktose-Sirup, Schokolade (Zucker, Kakaomasse, Kakaobutter, Emulgator Lecithin (Soja), Vanilleextrakt), Vollmilchschokolade (Zucker, Kakaobutter, Vollmilchpulver, Kakaomasse, Molkenerzeugnis, Emulgator Lecithin (Soja), Vanilleextrakt), Weiße Schokolade (Zucker, Kakaobutter, Vollmilchpulver, Sahnepulver, Molkenerzeugnis, Milchzucker, Buttermilchpulver, Emulgator Lecithin (Soja), Salz, Vanilleextrakt), Waffel (Weizenmehl, Zucker, Weizenstärke, Emulgator Lecithin (Soja), Palmfett, Sahnepulver, Backtriebmittel Natriumhydrogencarbonat, Salz, natürliches Aroma), Feuchthaltemittel Sorbitsirup, Hühnerei-Trockeneiweiß, Natürliches Aroma	Hühnerei-Eiweiß, Puder-Erythrit (Bio), Tapioka-Sirup, echtes Kakaopulver, Prise Salz

Tabelle 3: Zutatenvergleich | Eiweiß-Fluff vs. Schoko-Kuss

Quelle: www.dickmanns.de/produkte, www.pumperlgsund.info (Aufruf: 06.10.2019)

MACHT PAPPSATT UND STOPPT HEISSHUNGER!

Der Eiweiß-Fluff macht pappsatt und gehört zu den besten Heißhunger-Killern, die man sich vorstellen kann. Die Erklärung dafür ist einfach:

Eiweiß sättigt! Zudem wird Eiweiß aufgrund seiner komplexen Zellstruktur nur langsam verdaut, hat einen niedrigen glykämischen Index und steigert den Blutzuckerspiegel vergleichsweise langsam. Somit hält Eiweiß lange satt und arbeitet dem Heißhunger entgegen.

ÜBRIGENS

Das Wort „pumperlgsund" stammt aus dem Süddeutschen und heißt so viel wie „kerngesund".

„Pumperl" leitet sich vom pumpenden Herzen ab und „gsund" steht für gesund.

Der Eiweiß-Fluff besteht hauptsächlich aus Hühnerei-Eiweiß (Eiklar): 61 % der mengenmäßigen Zutaten stammen vom Eiweiß und 55 % des Brennwerts werden aus dem Eiweiß gewonnen. Betrachtet man das Volumen des Fluffs, wird es noch deutlicher: Das aufgeschlagene Eiweiß ist die Hauptmasse des Eiweiß-Fluffs!

Der Eiweiß-Fluff ist damit eine wahre Eiweiß-Bombe und somit pumperlgsund.

DAS GEHEIMNIS DER CREMIGKEIT

Der Eiweiß-Fluff ist so cremig wie Sahne, zergeht leicht auf der Zunge und hat eine angenehme Textur. Die Cremigkeit ist es, die dem Eiweiß-Fluff ein unverwechselbares Mundgefühl verleiht und charakteristisch für einen guten Eiweiß-Fluff ist.

EISCHNEE

Eischnee ist luftig und schaumig, aber nicht cremig. Dafür fehlen die Ballaststoffe des Tapioka-Sirups.

Für das Gelingen einer schön cremigen Eiweiß-Konsistenz sind drei Erfolgsfaktoren maßgeblich:

1. Der Tapioka-Sirup

Der Tapioka-Sirup ist der wichtigste Erfolgsfaktor für eine schöne Fluff-Creme. Es handelt sich um einen natürlichen Ballaststoff-Sirup, der in der Fachsprache „Resistentes Dextrin" genannt wird. Der hohe Anteil an Ballaststoffen verleiht dem Fluff seine cremige und angenehme Struktur. Je mehr Tapioka-Sirup man hinzugibt, desto cremiger wird der Eiweiß-Fluff.

TAPIOKA-SIRUP
Der Tapioka-Sirup von Pumperlgsund besteht aus Resistentem Dextrin, dem mehrere gesundheitsfördernde Eigenschaften zugesprochen werden. Mehr dazu auf Seite 29.

BEACHTE:
Mehr Tapioka-Sirup im Eiweiß-Fluff bedeutet auch mehr Kalorien und Zucker!

2. Puder-Erythrit

Beim Puder-Erythrit liegt die Betonung auf dem Puder. Denn je feiner die Süße ist, ...

... desto besser verbindet sie sich mit dem Eiweiß,
... desto cremiger ist die Eischnee-Masse und
... desto weniger kristallig-körnig schmeckt der Eiweiß-Fluff.

3. Das Aufschlagen des Eiweißes zu Eischnee

Damit eine schöne Creme entstehen kann, muss Luft in das Eiweiß untergehoben werden. Am besten macht das eine Küchenmaschine, die mit kreisrunden Auf- und Abbewegungen durch das Eiweiß rührt. Dabei hebt der Schneebesen Luft in den Eischnee und sorgt für Volumen. Nach der Zugabe von Puder-Erythrit und Tapioka-Sirup zum Eischnee wird aus der Eiweiß-Masse die Fluff-Creme und somit der Eiweiß-Fluff.

WICHTIG
Beim Aufschlagen ist die ständige Auf- und Abbewegung des Rührgeräts erfolgsentscheidend. Hält man das Rührgerät nur in den Eischnee, bekommt man eher eine matschige Konsistenz.

EIN FLUFF KOMMT SELTEN ALLEIN

EIWEISS-FLUFF: DER DESSERT-FLUFF

Der Eiweiß-Fluff ist der Klassiker in der Fluff-Familie und bildet die Basis für alle weiteren Fluffs. Der typische Fluff-Fan genießt ihn als Nachtisch oder löffelt ihn abends auf der Couch als gesunde Alternative zu Chips, Schoki & Co.

EIWEISS-FLUFF
Der Heißhunger-Killer

Bei Diätlern ist der Eiweiß-Fluff als Heißhunger-Killer beliebt, da der Heißhunger nach dem ersten Löffel verschwindet. Somit fällt es kinderleicht, auf kalorien-, zucker- und fettreiche Süßigkeiten zu verzichten.

Ähnlich ist es bei Bodybuildern, die für einen Wettkampf trainieren: Ein paar Wochen vor ihrem Bühnenauftritt gehen sie in ein starkes Kaloriendefizit, um Fett abzubauen und ihre Muskeln freizulegen. In dieser Zeit ist die Schmacht nach Süßem groß. Hier hilft ihnen der Eiweiß-Fluff: Süßes mit wenigen Kalorien und hochwertigem Eiweiß. Das stillt den Heißhunger, lässt das Fett schmelzen und legt die Muskeln frei. Perfekt! Nicht nur für Bodybuilder.

Lustige Anmerkung des Autoren-Teams: Um Missverständnissen vorzubeugen, möchten wir an dieser Stelle betonen, dass Muskeln zunächst aufgebaut werden müssen, bevor diese freigelegt werden können.

EIS-FLUFF

Der Eis-Fluff unterscheidet sich vom Eiweiß-Fluff stärker, als sich vermuten lässt. Starten wir mit dem Offensichtlichen: Der Eis-Fluff schmeckt wie Eis und nicht wie ein gefrorener Schoko-Kuss. Verantwortlich dafür ist eine zusätzliche Zutat, die wir „Eismacher" nennen.

EIS-FLUFF (SCHOKO)
Genieße so viel wie du willst. Eine Kugel Schoko hat nur 36 Kilokalorien.

Der Eismacher besteht aus Inulin, welches aus der Chicorée-Wurzel gewonnen wird und zu den pflanzlichen Ballaststoffen gehört. Charakteristisch für Inulin ist, dass fettarme Speisen im gefrorenen Zustand cremig-zart bleiben. Für den Eiweiß-Fluff bedeutet das: keine Eiskristalle, sondern eine Konsistenz, die der von Milcheis ähnelt.

Das Resultat: ein kalorienarmes Eis, das noch dazu kein Milcheiweiß enthält und laktosefrei ist. Der Vorteilt, es schmeckt nicht wie ein Sorbet-Eis, sondern ähnelt geschmacklich einem Speiseeis aus Milch. Zu guter Letzt benötigt man keine Eismaschine, sondern lediglich einen Handrührer und ein 3-Sterne-Eisfach eines handelsüblichen Tiefkühlers.

ABER: Auch wenn es einem Eis dem Aussehen nach ähnelt und geschmacklich nah rankommt, darf man es nicht mit einem fetthaltigen Zuckerbomben-Speiseeis vergleichen. Dann wäre man wohl enttäuscht. Sieht man es allerdings als Alternative zum Speiseeis, wenn man sich kalorienarm ernähren möchte, ist es der absolute Kracher: Denn eine Kugel Schoko-Eis-Fluff hat nur 36,5 Kalorien und somit circa 50 % weniger als eine herkömmliche Kugel Schoko-Eis.

BACK-FLUFF

Der Back-Fluff gehört zu den jüngeren Mitgliedern der Fluff-Familie und ähnelt einem Baiser. Der wesentliche Unterschied zum Baiser sind die Zutaten und daraus folgend die Nährwerte:

BACK-FLUFF
Der jüngste Nachwuchs der Fluff-Familie

Für den Back-Fluff wird neben den klassischen Eiweiß-Fluff-Zutaten (Pasteurisiertes Eiweiß, Tapioka-Sirup und Puder-Erythrit) stark treibendes Backpulver mit Weinstein verwendet. Damit ist der Back-Fluff, wie der Eiweiß-Fluff und der Eis-Fluff, kalorien- und zuckerarm und hat auf 100 g nur 51 Kalorien und 0,7 g Zucker.

Ein klassisches Baiser-Rezept besteht meist nur aus Eiweiß (40 g) und sehr viel feinem Zucker (60 g). Die Nährwerte pro 100 g sind dementsprechend hochkalorisch und mit einem hohen Zuckeranteil. Die folgende Tabelle zeigt die Unterschiede auf einen Blick:

Ø Nährwerte pro 100 g	Klassisches Baiser	Back-Fluff
Energie	1.099 kJ 262 kcal	214 kJ 51 kcal
Fett	0 g	0 g
davon gesättigte Fettsäuren	0 g	0 g
Kohlenhydrate	60,1 g	26 g
davon Zucker	60,1 g	0,7 g
Eiweiß	4,4 g	7,1 g
Salz	0,11 g	0,40 g

Tabelle 4: Nährwertvergleich | Back-Fluff vs. Baiser,
Quelle: www.pumperlgsund.info (Aufruf: 06.10.2019)

1001 FLUFF-VARIATIONEN

Bisher haben wir euch den Eiweiß-, Eis- und Back-Fluff vorgestellt. Alle drei Rezepte basieren auf drei Grundzutaten und verwenden pasteurisiertes Eiweiß, Tapioka-Sirup und Puder-Erythrit.

Aber das ist noch lange nicht alles! Mit weiteren leckeren und gesunden Zutaten zaubert man viele neue Fluff-Rezepte. Überzeuge dich selbst:

Fluff-Makronen bekommt man, indem man Kokosraspel zum Eiweiß-Fluff-Rezept hinzugibt, an den Mengen der Grundzutaten dreht und die Kokoscreme kurz in den Ofen steckt.

FLUFF-MAKRONEN

Ein gesunder Sahne-Ersatz ist noch simpler: Weniger Puder-Erythrit und Tapioka-Sirup, dafür Eismacher dazu. Der Clou: **Fluff-Sahne** ist laktosefrei und kalorienarm.

Oder wie wäre es mit einer **Fluff-Mousse**? Nichts einfacher als das: Erythrit-Mengen und Tapioka-Sirup ein wenig hochschrauben und Quark dazu. Volià!

FLUFF-BOWL

Du hast genug von Naschereien und möchtest ein leckeres Low-Carb-Frühstück? Kein Problem. Hier kommt die **Fluff-Bowl**: Man nehme den Eiweiß-Fluff, packt 200 g Skyr dazu und belegt es mit Toppings seiner Wahl. Done!

Und noch ein Low-Carb-Rezept: Die **Fluff-Brötchen**: Eiweiß- und Tapioka-Mengen rauf, weniger Puder-Erythrit und dafür Backpulver, Frischkäse und Sojamehl dazu. Ab in den Backofen. Fertig! Übrigens: Sie ähneln den Oopsie-Rezepten und können auch prima als Burger-Brötchen verwendet werden. Guten Appetit!

FLUFF-BRÖTCHEN

ÜBER 100 JAHRE FLUFF GESCHICHTE

1917 **Archibald Query** entwickelt in Somerville Massachusetts (USA) das erste Marshmallow-Fluff-Rezept. Es besteht aus Corn-Sirup, Zucker, Eiweiß und Vanille und hat 330 Kalorien und 49 g Zucker (100 g).

1920 Die **Firma „Durkee-Mower"** kauft sein Rezept für US $ 500,- und vermarktet es unter dem Namen „Toot Sweet Marshmallow Fluff".

2006 Das erste **Fluff-Festival** „What the Fluff" findet in Somerville Massachusetts (USA) statt. Seitdem wird es jährlich ausgerichtet und feierte 2019 seinen 14. Geburtstag.

Die ersten Fluff-Rezepte erscheinen im **deutschsprachigen Internet.** Sie verweisen entweder auf das USA-Produkt oder werden mit Sahne und Schmand gemacht.

2015 Die ersten **kalorienarmen Fluff-Rezepte** erscheinen auf YouTube und Pinterest in Deutschland.

2017 Ein deutscher Food-Blogger postet auf **Instagram** ein Low Carb Marshmallow Fluff Rezept. Es wird mit 90 g Fiber-Sirup gemacht und hat pro Portion circa 180 Kalorien. Für den Geschmack werden Aromen (Flavor-Drops) verwendet.

2018

Im Januar starten Food-Blogger und die Marke Pumperlgsund auf Instagram die **#traumschaumchallenge** und suchen die besten Fluff-Fotos und Fluff-Rezepte.

Im April 2018 stellt Pumperlgsund den **Eiweiß-Fluff** auf der Fibo-Messe in Köln vor. Es ist der erste Low-Carb-Fluff mit nur 30 Kalorien und weniger als 1 g Zucker pro Portion (Schoko-Variante). Der Clou: Es werden nur natürliche Zutaten und keine Aromen oder Flavor-Drops verwendet.

2019

Am 4. Januar 2019 bietet **Pumperlgsund** die erste Do-it-yourself-Box in Deutschland an. In den ersten Wochen werden über 15.000 Sets über das Internet verkauft.

Im April stellt Pumperlgsund seine ersten **Frucht-Fluffs** auf der Fitness-Messe Fibo 2019 vor.

Im Mai kommt die verbesserte Rezeptur des **Tapioka-Sirups** auf den Markt. Er besteht nun aus Resistentem Dextrin, sodass der Fluff jetzt cremiger, diabetiker-tauglich und echt Low Carb ist.

Im Juli wurde der Eis-Fluff in Kooperation mit **WW (ehemals Weight Watchers)** gelauncht.

22. Oktober 2019: Verkaufsstart des ersten **Fluff-Buchs** mit vielen leckeren Fluff-Rezepten. Die TV-Sendung „Die Höhle der Löwen" zeigt die Erfolgsstory auf VOX.

DIE FLUFF ANLEITUNG

**SEHR SIMPEL,
ABER NICHT LEICHT!**

SEHR SIMPEL, ABER NICHT LEICHT!

KAPITEL 2

Prinzipiell ist die Zubereitung des Eiweiß-Fluffs ganz einfach: Man benötigt nur 4 Schritte und 5 Minuten und schon ist der Eiweiß-Fluff fertig.

ABER: Hier und da lauern kleine Fehlerteufel, die nur darauf warten, dass man auf sie reinfällt. Und es sind schon ein paar erfahrene Hausfrauen und -männer bei der Zubereitung gestolpert, weil wichtige Hinweise übersehen wurden.

Vorschnell wird (ungerechterweise) die Schuld auf das Eiweiß oder das Rezept geschoben, obwohl die Ursache in 90 % der Fälle das Nichtbefolgen der drei goldenen Regeln war. Die übrigen 10 % können über unsere 25 Tipps behoben werden.

Bis zur Veröffentlichung des Buchs haben wir im Team über 20.000 Eiweiß-Fluff-Portionen hergestellt. Jedes Jahr kommen circa 10.000 Portionen hinzu. Wir kennen nun alle Fehlerquellen und machen wie folgt weiter:

Zunächst starten wir mit den Drei goldenen Regeln. Die müssen eingehalten werden, insbesondere wenn der Handmixer zum Einsatz kommt. Dann geht es weiter mit der Rezeptanleitung, bevor wir zur „Fehlersuche: 25 Tipps, Schritt für Schritt." kommen.

WICHTIG

Bitte unbedingt die Rezeptanleitung und die Drei goldenen Regeln auf Seite 24 bis 26 lesen. Nur dann kommst du in den einzigartigen Genuss des Eiweiß-Fluffs mit seiner cremig-leckeren Textur. Denn: Alles andere ist nur Eischnee!

VERFLIXTER EISCHNEE

Bei Google gibt es 170.000 Such-Treffer zum Thema „Eischnee schlagen Tipps" (Stand 06.10.2019).

Der Hintergrund: Eischnee schlagen ist nicht so einfach: Beispielsweise kann nur ein Tropfen Fett dem Eischnee den Garaus machen.

SCHNELL & EINFACH: SO GEHT ES

In diesem Kapitel zeigen wir dir, wie schnell und einfach der Eiweiß-Fluff zuzubereiten ist. Die wichtigsten Kniffe erklären wir dir in den „Drei goldenen Regeln" vorab. Hältst du dich an sie, wirst du einen richtig guten Eiweiß-Fluff schnell und einfach zubereiten. Versprochen!

DIE DREI GOLDENEN REGELN

1. Die richtige Schüssel für das Handrührgerät

Wenn du ein Handrührgerät für die Zubereitung des Eiweiß-Fluffs verwendest, wähle eine hohe und schmale Schüssel (siehe Bild rechts). Diese Art der Schüssel nennt man auch „Quirltopf". Hast du keinen zur Hand, kannst du auch einen 500-ml-Messbecher oder Shaker-Becher nehmen. Notfalls geht auch ein großes Glas. In diesem Fall stecke nur einen Mixstab ins Rührgerät und wende fleißig den „Fluff-Power-Move" im nachfolgenden Tipp an.

Ein hoher Quirltopf ist die beste Wahl zum Eiweiß-Aufschlagen.

Zudem ist wichtig, dass die gewählte Schüssel absolut fettfrei und trocken ist.

Vorsicht bei alten Plastik-Schüsseln: Fettablagerungen in den Ritzen der Schüssel verhindern das Steifwerden des Eiweiß-Fluffs. Gegen absolut fettfreie Plastikschüsseln gibt es jedoch nichts einzuwenden.

Willst du auf Nummer sicher gehen, verwende eine Metall- oder Glasschüssel: Fettrückstände haben hier keine Chance.

2. Der Fluff-Power-Move beim Handrührgerät

Wenn du ein Handrührgerät verwendest, reicht es nicht aus, das Rührgerät ohne Handbewegung in die Schüssel zu halten. Damit dir eine schöne Eiweiß-Fluff-Konsistenz gelingt, muss das Rührgerät in ständigen Kreisbewegungen hin und her und auf und ab bewegt werden. Nur so gelangt in das Eiweiß genügend Luft, die das Volumen und die Steifigkeit bringt. Je mehr du das Rührgerät bewegst, desto steifer wird der Eiweiß-Fluff. Zusätzlich kannst du zu Beginn die Schüssel leicht schräg halten, damit der Quirl des Rührgeräts das Eiweiß besser packen kann.

HIER ZEIGEN WIR DIR, WIE ES GEHT:
www.pumperlgsund.info/pages/fluffpowermove

3. Das Einhalten der Rezeptschritte und die richtigen Mengen

Möchte man ein kalorienarmes und gesundes Dessert ohne Stabilisatoren, künstliche Aromen, Geschmacksverstärker und Zucker zubereiten, ist es wichtig, die ...

(a) richtigen Zutaten,
(b) mit den richtigen Mengen,
(c) in der richtigen Reihenfolge

... bei der Zubereitung des Rezepts zu beachten.

Das heißt: Bitte lese die Rezeptanleitungen aufmerksam und halte dich genau an die Zutatenmengen und Rezeptschritt-Reihenfolge. Dann bekommst du ein herrlich cremiges Fluff-Erlebnis.

DIE REZEPTANLEITUNG: 4 SCHRITTE IN 5 MINUTEN FERTIG.

Die vorangegangenen „Drei goldenen Regeln" sind essenziell für ein lecker-cremiges Fluff-Erlebnis. Bitte lies sie aufmerksam. Wenn du auf Nummer sicher gehen willst, lies auch noch die Tipps im Kapitel „Fehlersuche: 25 Tipps, Schritt für Schritt" auf Seite 32. Dann kann nichts mehr schiefgehen.

1. Eischnee schlagen

30 g pasteurisiertes Eiweiß mit einer Prise Salz und gegebenenfalls einem kleinen Spritzer Zitronensaftkonzentrat in einer Rührschüssel oder einem Quirltopf schaumig schlagen (circa eine Minute).

2. Süßen

Zum Süßen das Rührgerät stoppen und 10 g Puder-Erythrit hinzugeben. Anschließend so lange weiterrühren, bis der Eischnee cremig wird und glänzt (circa 1-2 Minuten). WICHTIG: Bitte hier den Fluff-Power-Move von Seite 25 beachten.

3. Cremig-steif schlagen

Rührgerät wieder kurz stoppen. Rührschüssel auf die Waage stellen und mindestens 6 g Tapioka-Sirup direkt in die Eischnee-Creme hinzugeben. Jetzt so lange rühren, bis daraus der cremig-steife Eiweiß-Fluff wird (circa 2-3 Minuten). WICHTIG: Bitte auch hier den Fluff-Power-Move von Seite 25 beachten.

4. Geschmack unterheben

Zuletzt mit einem Teigschaber oder Löffel deinen Lieblings-Geschmack vorsichtig unterheben. Nicht einrühren, da ansonsten der Fluff zusammenfällt. Guten Appetit.

ZUTATEN
30 g flüssiges Eiweiß
10 g Puder-Erythrit
6 g Tapioka-Sirup
1 Prise Salz und ggf. einen Spritzer Zitronensaftkonzentrat
3 g Kakaopulver oder 2 g Zimt oder 7 g Kokosraspel oder 3 g Fruchtpulver

AUF DIE ZUTATEN KOMMT ES AN

ALLROUND-STAR: PASTEURISIERTES EIWEISS

Pasteurisiertes Eiweiß ist flüssiges Eiweiß vom Hühnerei (Eiklar). Es ist bereits vom Eigelb getrennt und wird in verschiedenen Verpackungen gebrauchsfertig im Handel angeboten. Pasteurisiertes Eiweiß hat viele Vorteile:

Vorteil 1: Sicher vor Salmonellen

Salmonellenerkrankungen sind unangenehm und können sogar tödlich enden. Da das Eiweiß beim Fluff roh gegessen wird, solltest du pasteurisiertes Eiweiß frischem Eiweiß vorziehen. Sicher ist sicher!

Vorteil 2: Gesund und kalorienarm

Eiklar ist Eiweiß in Reinform: 92 % des Brennwerts stammen vom Eiweißanteil. Zudem befinden sich alle essenziellen Baustoffe für unsere Körperzellen im Eiweiß und es erhält und baut unsere Muskeln.

Vorteil 3: Nachhaltig und stoppt Lebensmittelverschwendung

Wusstest du, dass über 50 % der produzierten Eier in Deutschland für die Lebensmittelherstellung genutzt werden? Häufig wird nur das Eigelb benötigt. Das übrig gebliebene Eiweiß wird pasteurisiert und abgefüllt. Ebenso werden sehr kleine Eier (beispielsweise von Junghennen) zu Flüssigei verarbeitet, da sie noch zu brüchig und zu klein für die Verpackungen sind.

SALMONELLEN IN DEUTSCHLAND

Mit pasteurisiertem Eiweiß bist du vor Salmonellen sicher und kannst es bedenkenlos roh verzehren.

Denn laut dem jüngsten Jahresbericht des Robert-Koch-Instituts gab es im Jahr 2018 in Deutschland 13.529 Salmonellen-Fälle.

Quelle: Robert-Koch-Institut, Infektionsepidemiologisches Jahrbuch meldepflichtiger Krankheiten 2018.

Bei Pumperlgsund besteht die Flasche aus Zuckerrohr und ist zu 100 % recyclebar.

DIE NULL-KALORIEN-SÜSSE: ERYTHRIT

Für alle diejenigen, die sich gesund und kalorienarm ernähren möchten, ist Erythrit die perfekte Zuckeralternative mit vielen Vorteilen:

Vorteil 1: Natürlicher Zuckerersatz
Vorteil 2: Schmeckt wie Zucker
Vorteil 3: Besitzt 70 % der Süßkraft von Zucker
Vorteil 4: Null Kalorien
Vorteil 5: Hält lange satt
Vorteil 6: Low Carb
Vorteil 7: Für Diabetiker geeignet
Vorteil 8: Blutzucker- und Insulinneutral
Vorteil 9: Glykämischer Index = 0
Vorteil 10: Vegan, glutenfrei und allergenfrei
Vorteil 11: Zahnfreundlich

NULL-KALORIEN BEI 100 G KOHLENHYDRATEN
100 % der Kohlenhydrate stammen vollständig aus mehrwertigen Alkoholen. Diese kann unser Körper nicht verstoffwechseln und scheidet sie komplett wieder aus.

Einen kleinen Wermutstropfen gibt es allerdings: Bei einem übermäßigen Verzehr kann (!) es abführend wirken und vereinzelt wird von Kopfschmerzen berichtet. Für uns ist es dennoch das bevorzugte Süßungsmittel.

Du magst, verträgst oder willst nicht mit Erythrit süßen? Kein Problem. In der folgenden Tabelle weisen wir dir Alternativen zum Süßen mit den jeweiligen Austauschmengen aus:

	Erythrit	Xylit	Zucker	Honig	Kokosblütenzucker	Agavensirup	Flüssig-Süßstoff
Menge	10 g	10 g	7 g	10 g	7 g	10 g	2 Tropfen
Zusätzliche Kilokalorien pro Portion	0	+24	+28	+31	+27	+30	+1

Tabelle 5: Alternative Süßungsmittel

DIE KLEINE PRINZESSIN: UNSER TAPIOKA-SIRUP

Der Tapioka-Sirup ist ein kleines Nährwertwunder: Auf 100 g enthält er 68 g Ballaststoffe und nur 2 g Zucker. Genau aus diesem Grund darf er nach der strengen EU-Verordnung auch als zuckerarmes Lebensmittel mit hohem Ballaststoffanteil deklariert werden.

Tapioka-Sirup ist nicht gleich Tapioka-Sirup. Nur wenn „Resistentes Dextrin (Sirup) aus Tapioka" als Zutat auf dem Etikett aufgeführt ist, treffen die guten Eigenschaften des Lebensmittels zu.

In der Lebensmittel-Produktion von ballaststoffreichen Protein-Riegeln und kalorienarmen Eis-Produkten wird die Zutat des Tapioka-Sirups, das „Resistente Dextrin", schon länger eingesetzt. Nun kommt es in Form des Tapioka-Sirups auch zu uns Endverbrauchern in den Handel.

Die Vorteile von Resistentem Dextrin, also von Tapioka-Sirup, sind die folgenden:
Vorteil 1: Hoher Ballaststoffanteil: 68 g pro 100 g
Vorteil 2: Zuckerarm: 2 g Zucker pro 100 g
Vorteil 3: Nur 165 Kilokalorien pro 100 g
Vorteil 4: 0 % Fett
Vorteil 5: Low Carb
Vorteil 6: Für Diabetiker geeignet
Vorteil 7: Geringer Einfluss auf den Blutzucker- und Insulinspiegel
Vorteil 8: Präbiotische Wirkung
Vorteil 9: Fördert die Darmtätigkeit
Vorteil 10: Gibt Backwaren Halt
Vorteil 11: Ideal für perfekten Eischnee!

RESISTENTES DEXTRIN

„Dextrine" entstehen bei der Zerlegung von Stärke und sind dessen kleinere Einheiten. Sie sind „resistent", also unverdaulich, und dienen im Dickdarm als wichtige Nahrungsquelle für Bakterien. So wirken sie sich positiv auf die Darmflora und die Darmgesundheit aus.

TIPPS ZUM RICHTIGEN EQUIPMENT

HANDRÜHRGERÄT

Das Handrührgerät ist das wohl am häufigsten verwendete Rührgerät. Damit lässt sich der Eiweiß-Fluff problemlos zubereiten.

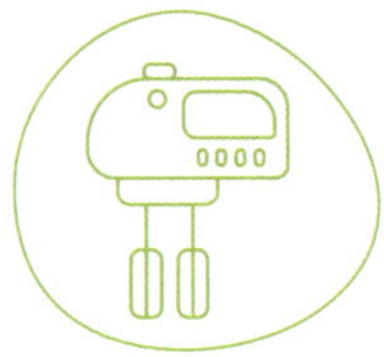

Ideal, um nur eine Portion Fluff herzustellen

Wichtig ist jedoch, dass man sich die erste und zweite goldene Regel von Seite 24 und 25 zu Herzen nimmt. Wir stellen sie euch hier noch einmal in Kurzform vor:

Goldene Regel Nr. 1: Die richtige Schüsselwahl

- Hohe schmale Schüssel verwenden. Am besten eignet sich ein Quirltopf.
- Alternativ geht auch ein 500-ml-Messbecher.
- Notfalls kann man auch ein circa 400 ml großes Glas nehmen. In diesem Fall bitte nur einen Mixstab (statt zwei) ins Rührgerät stecken.

Goldene Regel Nr. 2: Der Fluff-Power-Move

- Handrührgerät in ständigen Kreisbewegungen hin und her und auf und ab bewegen. Nicht einfach nur ohne Handbewegung ins Eiweiß halten.
- Zu Beginn des Aufschlagens die Schüssel leicht schräg halten, damit der Quirlstab das Eiweiß auch packen kann.

KÜCHENMASCHINE

Eine gute Küchenmaschine mit Schneebesenaufsatz ist unser absoluter Favorit. Ihre kreisrunden Auf- und Abbewegungen sind ideal zum Aufschlagen des Eiweißes. Im Folgenden geben wir dir noch ein paar Hinweise zur Verwendung einer Küchenmaschine:

- Schneebesen-Aufsatz verwenden.
- Eiweiß mit höchster Stufe aufschlagen.
- Je nach Küchenmaschinen-Hersteller muss man mindestens zwei Portionen Fluff herstellen. Der Grund: Der Schneebesenaufsatz kommt meist nicht an die geringe Menge Eiweiß einer Portion in der Schüssel heran und dreht sich „in der Luft".
- Gute Nachrichten: Mit einer KitchenAid gelingt auch nur eine Portion Eiweiß-Fluff.

Die bequemste und beste Art, den Eiweiß-Fluff zuzubereiten.

Hinweis: Mit einer KitchenAid klappt es ab einer Portion Fluff (30 g). Hier verdoppeln sich jedoch die Rührzeiten, da der Schneebesen das Eiweiß nicht gut packt.

STABMIXER MIT SCHNEEBESENAUFSATZ

Der Stabmixer ist ebenfalls eine gute Wahl, um einen Eiweiß-Fluff herzustellen. Die folgenden Hinweise sollen dir helfen, das beste Ergebnis zu erzielen:

- Geeignet ab einer Portion Eiweiß-Fluff.
- Schneebesen-Aufsatz verwenden (mit dem Messer-Aufsatz funktioniert es nicht).
- Die höchste Stufe zum Aufschlagen verwenden.
- Die Wahl der Schüssel muss beim Stabmixer an den Dreh-Radius des Stabmixers angepasst werden. Je nach Hersteller kann hier tendenziell eine breitere Schüssel verwendet werden. Wir empfehlen eine Glas- oder Metallschüssel. Wenn du nur eine Plastikschüssel zur Hand hast, vergewissere dich, dass diese absolut fettfrei ist.

Tolle Alternative: Der Stabmixer mit Schneebesen-Aufsatz

STANDMIXER

Mit einem Standmixer kann leider kein Eiweiß-Fluff hergestellt werden.

FEHLERSUCHE: 25 TIPPS, SCHRITT FÜR SCHRITT

1. EISCHNEE SCHLAGEN

30 g pasteurisiertes Eiweiß mit einer Prise Salz und gegebenenfalls einem kleinen Spritzer Zitronensaftkonzentrat mit einem Handrührgerät oder einer Küchenmaschine in einer Rührschüssel oder einem Quirltopf schaumig schlagen (circa 1 Minute).

- **Tipp 1:** Verwende pasteurisiertes Eiweiß, kein frisches Eiweiß. Nur so bist du sicher vor Salmonellen. Denn aufgeschlagener Eischnee ist rohes Eiweiß. Zudem geht es schnell, ist nachhaltig und du hast kein Eigelb übrig.
- **Tipp 2**: Das pasteurisierte Eiweiß sollte möglichst Zimmertemperatur haben und nicht sehr kalt sein. Kommt es gerade aus dem Kühlschrank, halte die Flasche circa 20 Sekunden unter warmes Wasser.
- **Tipp 3:** Die Eiweiß-Flasche VOR dem Öffnen kurz auf den Kopf drehen. So verteilen sich die Aminosäuren im Eiweiß.
- **Tipp 4:** Eine Prise Salz und einen Spritzer Zitronensaftkonzentrat vor dem Aufschlagen hinzugeben. Dies verbessert die Aufschlagfähigkeit.
- **Tipp 5:** Nur eine Prise Salz und nicht mehr! Nimmst du zu viel Salz, wird der Ei- oder der Süßgeschmack zu stark (Salz ist ein Geschmacksverstärker).

ZUTATEN

30 g flüssiges Eiweiß

10 g Puder-Erythrit

6 g Tapioka-Sirup

1 Prise Salz und ggf. einen Spritzer Zitronensaftkonzentrat

3 g Kakaopulver oder
2 g Zimt oder
7 g Kokosraspel oder
3 g Fruchtpulver

PRISE SALZ

Eine Prise sind 0,04 g. Das ist gerade mal so viel, wie die Spitzen deiner Fingerkuppen (nicht die ganze Fingerkuppe) greifen kann. Somit also nur ein paar Körner!

• **Tipp 6:** Gibst du die Prise Salz mit den Fingern hinzu, ist wichtig, dass deine Finger nicht fettig sind (beispielsweise frisch eingecremt). Ansonsten gelangt Fett ins Eiweiß, welches auch in geringen Mengen das Aus für jeden guten Eischnee bedeutet.
• **Tipp 7:** Verwende einen Spritzer Zitronensaftkonzentrat (circa fünf Tropfen).
• **Tipp 8:** Die Größe und Form der Rührschüssel sind die wichtigsten Erfolgsfaktoren: Am besten nimmst du einen höheren und schmalen Quirltopf / Rührschüssel (siehe Foto rechts). Denn ist der Schüsselboden zu breit, kann die Eiweißmenge, beispielsweise für nur eine Portion, zum Aufschlagen zu gering sein. Der Schneebesen „packt" dann das Eiweiß nicht gut genug und es entsteht kein Eischnee.
• **Tipp 9:** Die Rührschüssel muss absolut fettfrei und trocken sein. Stark gebrauchte Plastikrührschüsseln, in denen viel Butter verarbeitet wurde, sind ungeeignet (Fettreste in den Plastikrillen).
• **Tipp 10:** Für eine Portion Eiweiß-Fluff ist das Handrührgerät der Küchenmaschine vorzuziehen. Grund: Der Schneebesen der Küchenmaschine „packt" die geringe Menge des Eiweißes nicht ausreichend gut.
• **Tipp 11:** Ab zwei Portionen ist eine Küchenmaschine dem Handrührgerät vorzuziehen. Grund: Die kreisenden Bewegungen des Schneebesenaufsatzes sind ideal zum Eischnee-Schlagen.

ERFOLGSFAKTOR QUIRLTOPF / RÜHRSCHÜSSEL

2. SÜSSEN

Zum Süßen das Rührgerät stoppen und 10 g Puder-Erythrit hinzugeben. Anschließend so lange weiterrühren, bis der Eischnee cremig wird und glänzt (circa 1-2 Minuten).

Puder-Süße

- **Tipp 12:** Eine Puder-Süße ist einer kristalligen / körnigen Süße vorzuziehen. Grundsätzlich gilt: Je feiner die Süße, desto besser die Steifigkeit und das Mundgefühl. Grund: Der feine Puder verbindet sich besser mit dem Eiklar. Zudem gibt der Puder ein angenehmeres Mundgefühl, da man nicht mehr auf kristallige Körner beißt.
- **Tipp 13:** Isst du gerne süß? Dann gib einfach mehr Süße dazu. Du stehst nicht so auf süße Sachen? Reduziere einfach die Menge nach Belieben!
- **Tipp 14:** Hast du gerade etwas Herzhaftes zu Mittag oder Abend gegessen und isst den Eiweiß-Fluff als Dessert? Dann empfiehlt es sich, ein wenig mehr Süße zu verwenden. Hast du hingegen länger nichts gegessen, empfehlen wir dir weniger Süße.
- **Tipp 15:** Du magst kein Erythrit? Kein Problem: Du kannst es mit jedem anderen Süßungsmittel austauschen. Das ideale Mischungsverhältnis findest du auf Seite 28.
- **Tipp 16:** Essenziell für das Aufschlagen eines guten Eischnees mit einem Handrührgerät ist eine kreisende Auf- und Abbewegung (Fluff-Power-Move). Nur so kommt genügend Luft ins Eiweiß. Hältst du die Schüssel zudem ein wenig schräg, hilft das ebenfalls, das Eiweiß zu packen und aufzuschlagen. Das pure Reinhalten des Rührgeräts in das Eiweiß reicht nicht aus!

Fluff-Power-Move

HIER ZEIGEN WIR DIR, WIE ES GEHT:
www.pumperlgsund.info/pages/fluffpowermove

3. CREMIG-STEIF SCHLAGEN

Rührgerät wieder kurz stoppen. Rührschüssel auf die Waage stellen und mindestens 6 g Tapioka-Sirup direkt in die Eischnee-Creme hinzugeben. Jetzt so lange rühren, bis aus der Eischnee-Creme der cremig-steife Eiweiß-Fluff wird (circa 1-2 Minuten).

- **Tipp 17:** Wir empfehlen dir, den Tapioka-Sirup direkt aus der Flasche in die Schüssel hinzuzugeben, damit keine Rückstände am Löffel kleben bleiben.
- **Tipp 18:** Zum Abwiegen der 6 g empfehlen wir, (a) die Schüssel mit dem aufgeschlagenen Schnee auf eine Digitalwaage zu stellen, (b) diese auf Null zu setzen und dann (c) mindestens 6 g Tapioka-Sirup direkt aus der Flasche in die Schüssel zu geben.
- **Tipp 19:** Je mehr Tapioka-Sirup du hinzugibst, desto cremiger wird der Fluff und desto länger behält er seine cremige Konsistenz. Aber Vorsicht: Mehr Tapioka-Sirup bedeutet auch mehr Kalorien. Und: die maximale Verzehrempfehlung liegt bei 40 g pro Tag (aufgrund der vielen Ballaststoffe).
- **Tipp 20:** Die perfekte Konsistenz ist erreicht, wenn der Eiweiß-Fluff steife Spitzen bildet, beim Umrühren an Ort und Stelle bleibt und nicht mehr in seine cremig-flüssige Konsistenz zurückfließt.

Das perfekte Fluff-Equipment

4. GESCHMACK UNTERHEBEN

Zuletzt mit einem Teigschaber oder Löffel deinen Lieblings-Geschmack vorsichtig unterheben. Nicht einrühren, da ansonsten der Fluff zusammenfällt. Guten Appetit.

- **Tipp 21:** Vorsichtig unterheben ist essenziell, damit der Eiweiß-Fluff nicht einfällt. Insbesondere bei fetthaltigen Geschmäckern wie beispielsweise Kakaopulver oder Kokosraspel ist Vorsicht geboten.
- **Tipp 22:** Ist eine Geschmackszutat auch fettarm verfügbar, so empfehlen wir diese Variante. Der Eiweiß-Fluff bleibt so länger stabil und cremig. Beispielsweise ist Kakaopulver auch „stark entölt" im Handel erhältlich.
- **Tipp 23:** Verzehre den Eiweiß-Fluff möglichst schnell nach seiner Zubereitung. Dann hat er die beste Konsistenz. Möchtest du noch ein paar Minuten warten, dann füge deine Geschmacksrichtung erst kurz vor dem Verzehr hinzu und verwahre den Eiweiß-Fluff in der Zwischenzeit im Kühlschrank.
- **Tipp 24:** Auch mit frischen Früchten oder aufgetautem Obst aus dem Tiefkühlfach schmeckt der Eiweiß-Fluff fantastisch.
- **Tipp 25:** Auch heiße Kirschen oder Beeren schmecken toll. Diese solltest du besser als Topping verwenden und nicht unterheben. Der Eiweiß-Fluff fällt sonst ein.

DIE EIWEISS-FLUFF ACADEMY

Drei goldene Regeln und 25 Tipps. Na sag mal, reicht das denn nicht?
Der Fluff gelingt dir jetzt bestimmt, aber wenn du mehr willst, haben wir etwas ganz Besonderes für dich: die Eiweiß-Fluff Academy.

Denn in unserer Eiweiß-Fluff Academy werden wir nicht nur deine Fragen rund um die Fluff-Familie beantworten, sondern auch neue Rezepte mit euch zusammen entwickeln.

Alle Vorteile auf einen Blick
1. Kostenlose Test-Muster-Aktionen bei Neuprodukteinführungen (limitierte Ausgabe).
2. Tolle Preise bei Kochwettbewerben gewinnen, an Rabatt-Aktionen teilnehmen und als Erstes davon erfahren.
3. Bis zu 100,- € für von dir entwickelte Rezepte verdienen (bei Veröffentlichung in unseren Büchern).

Hier kannst du der geschlossenen Facebook-Gruppe „Eiweiß-Fluff Academy" beitreten:
1. Besuche www.facebook.com im Internet.
2. Suche dort „Eiweiß-Fluff Academy".
3. Klicke auf „Beitreten" und beantworte die Zugangsfrage. Fertig!

HIER GEHT ES DIREKT ZUR GRUPPE

FLUFF REZEPTE

LECKER, GESUND
UND EIWEISSREICH

SÜSSE FLUFFS

SCHMECKT NACH SÜNDE, IST ABER KEINE.

DESSERT | LOW CARB

EIWEISS-FLUFF

SÜSSE FLUFFS

1. Schmale, hohe Schüssel auf eine Waage stellen ODER abgewogene Zutaten bereitstellen.

2. Flüssiges Eiweiß, eine Prise Salz und ggf. einen Spritzer Zitronensaftkonzentrat etwa 30 Sek. lang schaumig schlagen.

3. Nach 30 Sek. Puder-Erythrit einrieseln lassen und auf höchster Stufe weiterschlagen. Wende hier den Fluff-Power-Move von S. 25 an.

4. Wenn der Eischnee cremig wird (nach circa 1-2 Min.), Rührgerät stoppen und Tapioka-Sirup einfließen lassen. Dann für weitere 2-3 Min. auf höchster Stufe schlagen. Beim Handrührer wende den Fluff-Power-Move von S. 25 an.

5. Wenn der Eischnee schön fest ist, ist der Fluff fertig. Zuletzt deinen Lieblings-Geschmack mit einem Teigschaber vorsichtig unterheben. Bitte nicht rühren.

ZUTATEN FÜR 1 PORTION	5 MIN
30 g flüssiges Eiweiß	
1 Prise Salz	
10 g Puder-Erythrit	
6 g Tapioka-Sirup	
3 g Kakaopulver oder 2 g Zimt oder 7 g Kokosraspel oder 3 g Fruchtpulver	
optional: Zitronensaftkonzentrat	

Liebe Community,
wir haben die ehemals sehr große Fluff-Portion auf eine normal große Portion angepasst. Vielen Dank für euer Feedback. Für diejenigen, die es ein wenig größer mögen, hier die Zutaten für eine große Portion: 40 g Eiweiß, 15 g Puder-Erythrit, 7 g Tapioka-Sirup (4 g Kakaopulver, 2 g Zimt, 10 g Kokos oder 2-4 g Fruchtpulver). Guten Appetit!

JAN
Gründer Pumperlgsund

30 KCAL

Fett	0 g
gesätt. Fettsäuren	0 g
Kohlenhydrate	11 g
Zucker	0 g
mehrwertige Alk.	10 g
Eiweiß	4,1 g
Salz	0,21 g

1 Portion
entspricht 49 g
= 1 Fluff

73 KCAL

Fett	**0 g**
gesätt. Fettsäuren	0 g
Kohlenhydrate	**18 g**
Zucker	1,1 g
mehrwertige Alk.	15 g
Eiweiß	**5,2 g**
Salz	**0,27 g**

1 Portion
entspricht 87 g
= 2 Kugeln

EIS | LOW CARB

EIS-FLUFF

SÜSSE FLUFFS

1. Schmale, hohe Schüssel auf eine Waage stellen ODER abgewogene Zutaten bereitstellen.
2. Flüssiges Eiweiß, eine Prise Salz und ggf. einen Spritzer Zitronensaftkonzentrat etwa 30 Sek. lang schaumig schlagen.
3. Nach 30 Sek. Eismacher und Puder-Erythrit einrieseln lassen und auf höchster Stufe weiterschlagen. Wende hier den Fluff-Power-Move von S. 25 an.
4. Wenn der Eischnee cremig wird (nach circa 1-2 Min.), Rührgerät stoppen und Tapioka-Sirup einfließen lassen. Dann für weitere 2-3 Min. auf höchster Stufe schlagen. Beim Handrührer wende den Fluff-Power-Move von S. 25 an.
5. Wenn der Eischnee schön fest ist, ist der Fluff fertig. Zuletzt deinen Lieblings-Geschmack mit einem Teigschaber vorsichtig unterheben, bitte nicht rühren.
6. Die Eis-Fluff-Masse in eine Tupperdose füllen, mit einer Frischhaltefolie abdecken und für mind. 5-6 Stunden in einen 3-Sterne-Tiefkühlschrank stellen.
7. Vor dem Verzehr circa 3-5 Min. antauen lassen. Nach Belieben toppen. Fertig!

ZUTATEN FÜR 1 PORTION	5 MIN
40 g flüssiges Eiweiß	
1 Prise Salz	
15 g Puder-Erythrit	
25 g Tapioka-Sirup	
4 g Kakaopulver oder 2 g Zimt oder 10 g Kokosraspel oder 2-4 g Fruchtpulver	
3 g Eismacher (Inulin)	
optional: Zitronensaftkonzentrat	

Das Eis ist unfassbar cremig, überhaupt nicht wässrig und hat geschmacklich genau die richtige Süße. Tipp: Zartbitterschokolade hacken und vor dem Einfrieren unter den Fluff heben.

LINA
@fit_nurse_lina

GEBÄCK | LOW CARB

BACK-FLUFF

SÜSSE FLUFFS

1. Ofen auf 160°C Umluft vorheizen. Backpapier mit etwas Öl bestreichen.

2. Flüssiges Eiweiß, eine Prise Salz und ggf. einen Spritzer Zitronensaftkonzentrat etwa 30 Sek. lang schaumig schlagen.

3. Nach 30 Sek. Puder-Erythrit und Backpulver einrieseln lassen und auf höchster Stufe weiterschlagen. Wende hier den Fluff-Power-Move von S. 25 an.

4. Wenn der Eischnee cremig wird (nach circa 1-2 Min.), Rührgerät stoppen und Tapioka-Sirup einfließen lassen. Dann für weitere 2-3 Min. auf höchster Stufe schlagen. Beim Handrührer wende den Fluff-Power-Move von S. 25 an.

5. Wenn der Eischnee schön fest ist, ist der Fluff fertig. Dann deinen Lieblings-Geschmack mit einem Teigschaber vorsichtig unterheben.

6. Circa 4 mittelgroße, leicht gehäufte Kleckse mit 2 Teelöffeln oder einer Spritztüte (n°17) auf einem mit Backpapier ausgelegten Blech verteilen.

7. 15-25 Min. goldbraun backen, aus dem Ofen holen und danach 10 Min. auf dem Blech abkühlen lassen und lauwarm genießen.

ZUTATEN FÜR 4 PORTIONEN | 5 MIN

- 40 g flüssiges Eiweiß
- 1 Prise Salz
- 15 g Puder-Erythrit
- 7 g Tapioka-Sirup
- 4 g Kakaopulver oder 2 g Zimt oder 10 g Kokosraspel
- 1 Messerspitze Backpulver
- optional: Zitronensaftkonzentrat

Kalorienarm backen war noch nie so einfach wie mit dem Back-Fluff. Er ist der perfekte Snack für einen gemütlichen Couchabend.

KARL
@fitandsoulfood

8 KCAL

Fett	**0 g**
gesätt. Fettsäuren	0 g
Kohlenhydrate	**4,1 g**
Zucker	0 g
mehrwertige Alk.	3,8 g
Eiweiß	**1,1 g**
Salz	**0,07 g**

1 Portion
entspricht 16 g
=1 Back-Fluff

33 KCAL

Fett	**2,7 g**
gesätt. Fettsäuren	2,6 g
Kohlenhydrate	**2,2 g**
Zucker	0 g
mehrwertige Alk.	1,7 g
Eiweiß	**0,7 g**
Salz	**0,06 g**

1 Makrone entspricht 11 g

MAKRONEN | LOW CARB

FLUFF-MAKRONEN

SÜSSE FLUFFS

1. Ofen auf 150°C Umluft vorheizen (oder 180°C auf Ober-/Unterhitze). Backblech mit Backpapier auslegen.
2. Flüssiges Eiweiß mit einer Prise Salz steif schlagen.
3. Puder-Erythrit einrieseln lassen und weitere 30 Sek. schlagen.
4. Dann Tapioka-Sirup einfließen lassen und optional einen Teelöffel Zitronenabrieb oder Zimt dazugeben und dabei weiterschlagen, bis der Eischnee fest ist.
5. Kokosraspel mit einem Teigschaber vorsichtig unter den Eischnee heben.
6. Mit zwei Teelöffeln oder einer Spritztüte (n°17) circa 12 Makronen auf ein mit Backpapier ausgelegtes Backblech setzen.
7. Auf mittlerer Schiene 20 Min. goldgelb backen. Auf dem Blech abkühlen lassen, danach vom Backpapier lösen und genießen.

ZUTATEN FÜR 12 MAKRONEN | 15 MIN

40 g flüssiges Eiweiß

1 Prise Salz

20 g Puder-Erythrit

20 g Tapioka-Sirup

50 g Kokosraspel

optional: 1 TL Zitronenabrieb oder 0,5 TL Zimt

Ein Muss für alle, die sich schon auf die Weihnachtszeit freuen. Die Kombi aus Zimt und Kokosraspel gibt diesen Makronen einen unvergleichlichen Geschmack und das ganz ohne zugesetzten Zucker.

JANINA
@janina_love_your_body

SAHNE-ERSATZ | LOW CARB

FLUFF-SAHNE

SÜSSE FLUFFS

1. Flüssiges Eiweiß und eine Prise Salz etwa 30 Sek. lang schaumig schlagen.

2. Nach 30 Sek. Puder-Erythrit und Eismacher einrieseln lassen und auf höchster Stufe weiterschlagen. Wende hier den Fluff-Power-Move von S. 25 an.

3. Wenn der Eischnee cremig wird (nach circa 1-2 Min.), Rührgerät stoppen und Tapioka-Sirup einfließen lassen. Dann für weitere 2-3 Min. auf höchster Stufe schlagen. Beim Handrührer wende den Fluff-Power-Move von S. 25 an.

4. Wenn der Eischnee schön fest ist, ist die Fluff-Sahne fertig.

5. Auf Kuchen, Muffin und Co. servieren und genießen.

ZUTATEN FÜR 2 PORTIONEN | 5 MIN

40 g flüssiges Eiweiß
1 Prise Salz
12 g Puder-Erythrit
5 g Tapioka-Sirup
3 g Eismacher

Endlich eine kalorienarme Sahne, die schmeckt und kein Fett hat. So kann ich meinen selbst gebackenen Kuchen ohne Zucker sorgenfrei genießen.

JUDITH
Team Pumperlgsund

17 KCAL

Fett	0 g
gesätt. Fettsäuren	0 g
Kohlenhydrate	6,5 g
Zucker	0 g
mehrwertige Alk.	6,0 g
Eiweiß	2,2 g
Salz	0,13 g

1 Portion
entspricht 30 g
= 1 Klecks Sahne

SATTMACHER FLUFFS

MORGENS ODER ABENDS.
DIE GEHEN IMMER!

357 KCAL

Fett	**2,8 g**
gesätt. Fettsäuren	0,9 g
Kohlenhydrate	**59 g**
Zucker	41 g
mehrwertige Alk.	15 g
Eiweiß	**28 g**
Salz	**0,56 g**

1 Portion
entspricht 501 g
= 1 Bowl

BOWL

FLUFF-BOWL

SATTMACHER

1. Mango, Himbeeren und Banane mit 5 g Puder-Erythrit im Mixer pürieren.

2. Skyr mit dem Fruchtpüree cremig rühren.

3. Eiweiß-Fluff nach Anleitung auf S.42f. zubereiten und unter das Fruchtpüree heben.

4. Nach Belieben toppen und genießen.

ZUTATEN FÜR 1 PORTION | **10 MIN**

- 100 g Mango (tiefgekühlt oder frisch)
- 50 g tiefgefrorene Himbeeren
- 1 Banane (ca. 100 g)
- 5 g Puder-Erythrit
- 200 g Skyr
- Topping nach Wahl

FÜR EIWEISS-FLUFF

- 30 g flüssiges Eiweiß
- 1 Prise Salz
- 10 g Puder-Erythrit
- 6 g Tapioka-Sirup

Vom Fluff bin ich nun zu meinem Lieblingsfrühstück, der Fluff-Bowl, gekommen. Sie schmeckt nicht nur unglaublich toll, sondern hilft mir auch beim Abnehmen.

ANIKA
@fraeulein.fox

SCHOKO-PORRIDGE

FLUFF-PORRIDGE

SATTMACHER

1. Die Zutaten für das Porridge (bis auf die Banane) in einem Topf vermischen und bei kleiner Hitze circa 5 Min. kochen lassen. Dabei regelmäßig umrühren, bis es andickt. Alternativ: Für circa 2-4 Min. bei 600 Watt in die Mikrowelle stellen.

2. Banane schälen, halbieren und eine Hälfte für das Topping beiseitelegen. Die andere Hälfte mit der Gabel zerdrücken und zum Porridge geben.

3. Eiweiß-Fluff nach Anleitung von S.42f. zubereiten und vorsichtig unter die Porridge-Masse heben.

4. Nach Belieben mit Banane toppen und genießen.

ZUTATEN FÜR 1 PORTION | 10 MIN

PORRIDGE-MASSE

70 g flüssiges Eiweiß

50 g Haferflocken

230 g Mandelmilch (ungesüßt)

4 g Kakaopulver

1 Banane (ca. 100 g)

EIWEISS-FLUFF

30 g flüssiges Eiweiß

10 g Puder-Erythrit

6 g Tapioka-Sirup

1 Prise Salz

Ein super Rezept, das schnell zubereitet ist, sehr lange satt hält und einen Großteil des täglichen Eiweißbedarfs deckt. Eine große Portion für wenig Kalorien.

JACKY
@jacky.malina

392 KCAL

Fett	**8,1 g**
gesätt. Fettsäuren	1,6 g
Kohlenhydrate	**62 g**
Zucker	18 g
mehrwertige Alk.	10 g
Eiweiß	**21 g**
Salz	**0,94 g**

1 Portion
entspricht 500 g
= 1 Schüssel

118 KCAL

Fett	**< 0,5 g**
gesätt. Fettsäuren	0,2 g
Kohlenhydrate	**27 g**
Zucker	4,6 g
mehrwertige Alk.	22 g
Eiweiß	**21 g**
Salz	**0,39 g**

1 Portion
entspricht 195 g
= 1 kl. Schüssel

MOUSSE | LOW CARB

FLUFF-MOUSSE

SATTMACHER

1. Flüssiges Eiweiß, eine Prise Salz und ggf. einen Spritzer Zitronensaftkonzentrat etwa 30 Sek. lang schaumig schlagen.

2. Nach 30 Sek. Puder-Erythrit einrieseln lassen und auf höchster Stufe weiterschlagen. Wende hier den Fluff-Power-Move von S. 25 an.

3. Wenn der Eischnee cremig wird (nach circa 1-2 Min.), Rührgerät stoppen und Tapioka-Sirup ein fließen lassen. Dann für weitere 2-3 Min. auf höchster Stufe schlagen. Beim Handrührer wende den Fluff-Power-Move von S. 25 an.

4. Wenn der Eischnee schön fest ist, ist der Fluff fertig.

5. Magerquark mit Zitronensaft verrühren.

6. Zuerst die Hälfte der Fluff-Masse unter den Magerquark heben, damit der Eischnee nicht zerfällt.

7. Den Rest des Eiweiß-Fluffs unterheben und nach Belieben mit Beeren toppen.

ZUTATEN FÜR 1 PORTION | **10 MIN**

- 40 g flüssiges Eiweiß
- 1 Prise Salz
- 22 g Puder-Erythrit
- 8 g Tapioka-Sirup
- 1 Spritzer Zitronensaft
- 125 g Magerquark
- optional: Zitronensaftkonzentrat

Fluff-Mousse ist perfekt für die Diät. Durch die große Portion Eiweiß und die fluffige Konsistenz ist der Körper mit dem Wichtigsten versorgt und man bleibt lange satt.

MORITZ
@msics_coaching

BRÖTCHEN | LOW CARB

FLUFF-BRÖTCHEN

SATTMACHER

1. Ofen auf 170 °C Ober- und Unterhitze vorheizen. Backpapier dünn mit Bratöl bestreichen.
2. In einer mittelgroßen Rührschüssel Sojamehl, Puder-Erythrit, Backpulver und Salz vermischen. Frischkäse, Tapioka-Sirup und Sprudelwasser dazugeben und mit einem Schneebesen zu einer Teigmasse verrühren.
3. In einer zweiten Schüssel flüssiges Eiweiß mit Salz sehr steif schlagen (Beachte unsere Tipps auf S. 32-33).
4. Die Teigmasse nach und nach in den Eischnee geben und vorsichtig unterheben. Wichtig: Nicht verrühren, sondern so unterheben, dass der Eischnee sein Volumen behält.
5. Die schaumige Masse aus Teig und Eischnee mit einem Esslöffel in zwei große, leicht gehäufte Kleckse auf das Backpapier setzen.
6. Nun im Ofen 20 Min. goldbraun backen, dann 20 Min. im leicht geöffneten Ofen auskühlen lassen. Hinweis: Nimmst du die Brötchen aus dem Ofen, werden sie wieder flach. Dies ist richtig so.
7. Fluff-Brötchen nach Wunsch belegen.

ZUTATEN FÜR 1 PORTION | 10 MIN

- 8 g Sojamehl
- 3 g Puder-Erythrit
- 7 g Backpulver
- 4 Prisen Salz
- 20 g Frischkäse
- 10 g Tapioka-Sirup
- 1 EL Sprudelwasser
- 50 g flüssiges Eiweiß

Wer wie ich Brötchen liebt, hat hier eine super Low-Carb-Alternative. Ich belege es gerne mit körnigem Frischkäse, Schinken und Gurkenscheiben.

VERENA
Team Pumperlgsund

100 KCAL

Fett	**2,0 g**
gesätt. Fettsäuren	0,5 g
Kohlenhydrate	**7,8 g**
Zucker	1,6 g
mehrwertige Alk.	3,0 g
Eiweiß	**12 g**
Salz	**0,66 g**

1 Portion
entspricht 98 g
= 2 Brötchenhälften

HAPPY EIWEISS

MEHR LECKERE EIWEISS-REZEPTE

72 KCAL

Fett	**0 g**
gesätt. Fettsäuren	0 g
Kohlenhydrate	**1,1 g**
Zucker	1,1 g
mehrwertige Alk.	0 g
Eiweiß	**17 g**
Salz	**0,84 g**

1 Portion
entspricht 150 g
= 1 Patty

PURES EIWEISS | LOW CARB

EIWEISS-PATTY

EIWEISS-BOOST

1. Eiweiß in eine Müslischüssel oder große Tasse geben, für 2 Min. in die Mikrowelle stellen und bei 500 Watt garen.

2. Die Schüssel aus der Mikrowelle herausnehmen und das Patty mit dem Gewürz deiner Wahl bestreuen. Fertig!

ZUTATEN FÜR 1 PORTION | 2 MIN

150 g flüssiges Eiweiß

½ TL vom Gewürz deiner Wahl

Das Eiweiß-Patty gibt's bei uns jeden Mittag für die extra Portion Eiweiß. Mit nur 72 Kcal und 17 g Eiweiß ist es aber auch ein super Snack am Nachmittag.

ANNA
Team Pumperlgsund

BURGER I LOW CARB

RINDFLEISCH-BURGER

ABENDESSEN

Fluff-Brötchen:

Die Fluff-Brötchen von Anleitung auf S. 60 backen. Die dafür benötigten Zutaten sind in diesem Rezept nicht enthalten. Die Nährwerte beziehen sich auf den gesamten Burger mit Brötchen.

Bulette:

1. Flüssiges Eiweiß, Rinderhack, Pfeffer und Salz vermengen. Aus der Masse eine Bulette formen.

2. Bratöl in die Pfanne geben, mit einem Backpinsel verteilen und gut erhitzen. Auf mittlerer Hitze die Rinderhack-Bulette circa 2–3 Min. pro Seite braten und vorsichtig wenden.

Belag:

1. Tomate und Salatblatt waschen und trocknen. Tomatenscheibe mit Pfeffer und Salz würzen. Je eine Brötchenhälfte auf der Innenseite mit Senf und Tomatenmark bestreichen.

2. Rinderhack-Bulette, Salatblatt und die Tomatenscheibe auf die Unterhälfte legen. Mit der Brötchen-Oberhälfte zuklappen und genießen.

ZUTATEN FÜR 1 PORTION | 15 MIN

BULETTE

- 40 g flüssiges Eiweiß
- 60 g Rinderhack, Tatar
- ¼ TL Cayennepfeffer
- 1 Prise Salz
- 1 TL Bratöl

BELAG

- 1 Stück Tomatenscheibe
- 1 Blatt Salatherz
- 1 Prise Pfeffer (schwarz)
- 10 g Tomatenmark
- 10 g Senf (mittelscharf)
- 1 Prise Salz

Burger geht immer: Macht satt und liegt mit den Low Carb Fluff-Brötchen auch nicht schwer im Magen.

FABIAN

Gründer Pumperlgsund

303 KCAL

Fett	**15 g**
gesätt. Fettsäuren	6,9 g
Kohlenhydrate	**11 g**
Zucker	4,5 g
mehrwertige Alk.	3,0 g
Eiweiß	**30 g**
Salz	**1,9 g**

1 Portion
entspricht 171 g
= 1 Burger

121 KCAL

Fett	**5,4 g**
gesätt. Fettsäuren	0,9 g
Kohlenhydrate	**5,0 g**
Zucker	4,9 g
mehrwertige Alk.	0 g
Eiweiß	**13 g**
Salz	**0,46 g**

1 Portion
entspricht 83 g
= 2 Cloud Eggs

EIERSPEISE I LOW CARB

CLOUD EGGS

FRÜHSTÜCK

1. Ofen auf 180 °C Ober-/Unterhitze vorheizen. Das Backpapier auf ein Backblech legen und mit etwas Bratöl bestreichen.

2. Flüssiges Eiweiß mit Salz sehr steif schlagen. Zum Schluss Thymian und Pfeffer einrieseln lassen.

3. Den Eischnee mit einem Esslöffel auf das Backpapier geben und in die Mitte eine Mulde drücken. In diese Mulde den Frischkäse geben, den Schinken darauf platzieren und die Pinienkerne darüber streuen.

4. Die Wölkchen für etwa 8-10 Min. goldbraun backen. Anschließend im warmen Zustand mit Honig beträufeln und genießen.

ZUTATEN FÜR 1 PORTION | 5 MIN

- 30 g flüssiges Eiweiß
- 1 Prise Salz
- 3 Prisen Thymian (getrocknet)
- 1 Prise Pfeffer (schwarz)
- 25 g Ziegenfrischkäse
- 1 Scheibe Serrano-Schinken
- 3 g Pinienkerne
- 1 TL Honig

Die Kombination aus herzhaft und süß ist meine Lieblingsvariante der Cloud Eggs. Wer's vegetarisch mag, kann den Schinken einfach weglassen.

MIRI
Team Pumperlgsund

DER AUTOR

Jan Göktekin
ist Diplom-Kaufmann und Gründer der Pumperlgsund GmbH aus München. Mit Pumperlgsunds Eiweiß und der Buchserie EIWEISS möchten er und sein Gründungspartner Fabian König die Vorteile einer natürlichen und eiweißreichen Ernährung aufzeigen. Dazu gründeten sie 2015 die Pumperlgsund GmbH, die sich auf Eiweiß-Produkte spezialisiert und als Verlag Themen zur gesunden Ernährung publiziert.

2016 erschien das erste Buch Volle Pulle EIWEISS, Anfang 2017 die überarbeitete 2. Auflage
Das EIWEISS Kochbuch.

Im Herbst 2017 erschien die EIWEISS-Serie
mit den 3 Büchern:
EIWEISS – Das gesunde Ernährungskonzept
EIWEISS – Das gesunde Abnehmkonzept
EIWEISS – Das gesunde Fitnesskonzept

Im Oktober 2019 erschien das Buch
EIWEISS FLUFF.

IMPRESSUM

Bibliographische Information der Deutschen Nationalbibliothek

Die deutsche Nationalbibliothek verzeichnet diese Publikation in der Deutschen Nationalbibliographie.

Detaillierte bibliographische Daten sind im Internet unter http://dnb.de abrufbar.

Pumperlgsund Zutaten sind erhältlich unter:
www.pumperlgsund.info

Weitere Informationen findest du unter:
www.pumperlgsund.info

Für Anregungen und Fragen:
hey@pumperlgsund-bio.de

Originalausgabe
1.Auflage 2019, 2.Nachdruck
Autor: Jan Göktekin
EIWEISS FLUFF

Pumperlgsund GmbH
Seidlstraße 8
80335 München
Deutschland
www.pumperlgsund.info
Tel. +49 (0)89 2154 5097

Fotos:
© Julia Schneider,
© Image47/ Erik Mosoni,
© Viviana D'Angelo,
© Bit Projects Corporate GmbH,
© Verena Lippert

Konzeption: Jan Göktekin, Pumperlgsund
Redaktion Konzept: Jan Göktekin
Redaktion und Entwicklung Rezepte: Mirjam Bader, Anika Fox, Jan Göktekin, Sabrina Krause, Julia Metzner, Mirjam Rödter, Lea Schultis. Mit freundlicher Unterstützung von Karl Fischer, Moritz Kraska, Janina Leppers, Jacqueline Maliglowka, Lina Weidenbach
Gestaltungskonzept: kral & kral Design
Art Direktion und Layout: Verena Lippert
Lektorat und Korrektorat: Mirjam Bader, Anna Fresz, Sabrina Krause, Susanne Langer-Joffroy
Projektleitung: Mirjam Rödter
Satz: Verena Lippert
Produktion: WIRmachenDRUCK GmbH
Repro und Litho: Image47/ Erik Mosoni
Druck: WIRmachenDRUCK GmbH
Printed in: Deutschland (EU)

ISBN: 978-3-98-189695-4